METODO AVELAR

NUEVO SISTEMA DE

LECTURA MUSICAL

APLICADO AL PIANO

Francisco Avelar

Número de Control de la Biblioteca del Congreso de EE. UU.:		2012906192
ISBN:	Tapa Blanda	978-1-4633-2301-1
	Libro Electrónico	978-1-4633-2302-8

Para realizar pedidos de este libro, contacte con:
Palibrio
1663 Liberty Drive
Suite 200
Bloomington, IN 47403
Gratis desde EE. UU. al 877.407.5847
Gratis desde México al 01.800.288.2243
Gratis desde España al 900.866.949
Desde otro país al +1.812.671.9757
Fax: 01.812.355.1576
ventas@palibrio.com
359584

METODO AVELAR

NUEVO SISTEMA DE

LECTURA MUSICAL

APLICADO AL PIANO

Francisco Avelar

INTRODUCCION

A través de varios siglos la música para piano se ha leído con dos claves diferentes: Clave de SOL en 2ª Línea para los sonidos agudos y clave de FA en 4ª línea para los sonidos graves. Se ha leído en dos pentagramas cuyas posiciones respecto a los nombres de las notas no concuerdan, razón por la que ha sido necesario aprender a leer de una manera para el pentagrama superior (Clave de SOL) y de otra para el pentagrama inferior (Clave de FA)

La introducción del HEXAGRAMA en el presente milenio viene a simplificar el aprendizaje de la lectura musical especialmente para los instrumentos completos tales como el piano, el órgano, etc. El sistema de aprendizaje es global pues con pocos elementos abarca el todo: a) solo se necesita una Clave para los dos hexagramas, b) las notas musicales conservan la misma posición en ambos hexagramas. c) se aprende a leer por grupos de notas. Si comparamos los dos sistemas, la lectura musical tradicional con la actual propuesta del hexagrama, observamos varios aspectos que favorecen al segundo:

LECTURA TRADICIONAL	HEXAGRAMA
---Sumando los dos pentagramas, aprender 28 posiciones de las notas.	---Aprender solamente 14 posiciones ya que el 2º. hexagrama se lee igual que el primero.
---Uso de dos claves diferentes.	---Una sola clave.
---Después de mucho esfuerzo se logra aprender la posición de las notas pues solo la clave correspondiente sirve de guía.	---A través de números y nombres se logra reconocer rápidamente cualquier nota, pues cada nota ya sea en línea o en espacio tiene su propio número o nombre que la identifica.
---Uso de líneas adicionales entre los dos pentagramas.	---Desaparecen las líneas adicionales entre los dos hexagramas.

Este trabajo no pretende ser un método de técnica pianística y tampoco un método de lectura musical conteniendo todas las dificultades que debe superar un buen lector de música. Simplemente es una demostración de los logros que a corto plazo se pueden obtener a través de él.

Cabe decir que, para quien se inicia, este sistema le facilitará el aprendizaje de la lectura musical.

Para quien ya ha leído con las claves tradicionales observará que las líneas 1, 2 y 3 se leen igual que en la clave de SOL y que las líneas 4, 5 y 6 se leen igual que en la clave de FA con la ventaja de que se leen en un solo hexagrama y no en dos pentagramas diferentes.

Además, cualquier partitura para piano puede ser trasladada al hexagrama con solo agregar una sexta línea al pentagrama superior y una primera línea al pentagrama inferior e introducir dentro del hexagrama correspondiente las notas escritas en líneas adicionales que aparecen entre los dos pentagramas.

Por todas estas ventajas, que se acoplan al ritmo actual de la simplificación cuyo objetivo es dejar espacio a más conocimiento, presento esta nueva manera de aprender a leer música esperando sea acogida y esparcida después de la comprobación de sus vanguardistas cualidades.

Francisco Avelar

SOBRE EL AUTOR

Francisco Avelar nació en El Salvador, Centro América.
Desde temprana edad dió muestras de sus aptitudes para la música e inició sus estudios en este arte con el Profesor Miguel Angel Calderón.
Posteriormente continuó con el Maestro Alfonso Rendón Muñoz en el piano y con el Maestro Ion Cubicec en Armonía, Contrapunto, Formas Musicales y Composición.

Hizo cursos de perfeccionamiento en el Instituto Interamericano de Educación Musical de la Universidad de Chile así como en el Centro de Perfeccionamiento de Personal Docente en Educación Musical en el Instituto Superior de Música de la Universidad Nacional de Rosario, Argentina.
En ambos países obtuvo las más altas calificaciones.

Durante su carrera artística ha actuado como solista, como Director de Orquesta, Director de Coro, Acompañante de Solistas y tiene en su haber orquestaciones, arreglos corales, transposiciones musicales, etc.

AGRADECIMIENTO

Por este medio presento mis más cumplidas muestras de agradecimiento

a MANUEL ARGÜELLO.

Sin su ayuda y sus consejos, este trabajo no hubiera visto la luz.

Infinitas gracias Manuel por todo su tiempo y su dedicación para hacer

realidad mi sueño de dar a conocer esta nuevo sistema de lectura musical.

EL AUTOR.

DEDICATORIA

Este trabajo lo dedico a mis profesores Maestro Alfonso Rendon Muñoz

Y Maestro Ion Cubicec quienes contribuyeron a mi formación musical.

Tambien lo dedico a mis profesores del Instituto Interamericano de

Educación Musical de la Universidad de Chile y a mis profesores del Centro

Interamericano de Perfeccionamiento de Personal Docente en Educación

Musical de la Universidad de Rosario, Argentina cuyas enseñanzas me

despertaron el interés por hacer más fácil la lectura musical aplicada a los

instrumentos completos.

Francisco Avelar

INDICE

EL HEXAGRAMA

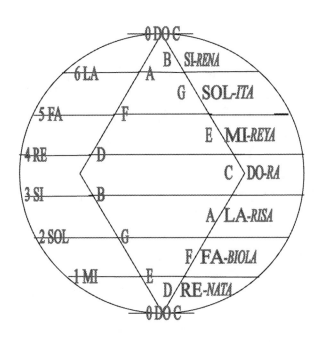

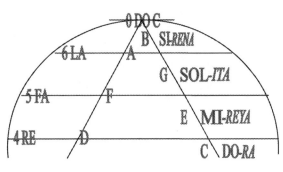

SEGUNDA POSICION

PRIMERA POSICION

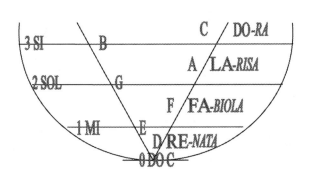

HEXAGRAMA

Hexagrama es el conjunto de 6 líneas horizontales, paralelas y equidistantes con sus respectivos 5 espacios interiores y 2 espacios exteriores que sirven para escribir las notas musicales.
Las líneas y los espacios se cuentan de abajo hacia arriba

NOMBRE Y ORDEN ESTABLECIDO DE LAS NOTAS

Son dos sistemas: Sistema Silábico y Sistema Alfabético.
SISTEMA SILABICO: la si do re mi fa sol
SISTEMA ALFABETICO: A   B   C   D   E   F   G

POSICION DE LAS NOTAS

Las siete notas musicales ocupan dos posiciones diferentes en el Hexagrama.
La Primer Posición corresponde a las notas comprendidas entre las líneas 1,2 y 3.
La Segunda Posición corresponde a las notas comprendidas entre las líneas 4,5 y 6
Cada nota aparece tanto en línea como en espacio.

En la Segunda Posición la nota DO es la excepción porque aparece tanto en espacio como en línea

LECTURA HORIZONTAL

ESPACIOS

SEGUNDA POSICION

Memorizar la posición y el nombre
Observe que solo las notas en espacio tienen nombre largo

SIRENA (Si)

SOLITA (Sol)

MIREYA (Mi)

DORA (Do)

DIGA EL NOMBRE LARGO

DIGA EL NOMBRE CORTO

DIGA SOLO NOMBRES LARGOS

DIGA EL NOMBRE CORTO

NOMBRE Y DURACION DE LOS VALORES

REDONDA	BLANCA	NEGRA

Dura 4 tiempos   Dura 2 tiempos   Dura 1 tiempo

EN LAS SIGUIENTES LECCIONES: 1o. cuente la duración de cada valor

2o. diga el nombre corto y aplique la duración que corresponde

Un-Dos-Tres-Cua   Un-Dos   Un   Un

EJECUCION

NUEVOS ELEMENTOS A CONOCER:
LA CLAVE DE "SI" EN TERCERA LINEA
LA LETRA QUE DETERMINA LA ALTURA DEL SONIDO
LA PLICA.

Clave de Si en tercera línea. Aparece en el interior de las letras H (high) y L (low) Determina la posición de las notas

La letra H (high) indica que los sonidos que le corresponden empiezan a partir del Do Central hacia arriba.

La letra L (low) indica que los sonidos que le corresponden empiezan a partir del Do Central hacia abajo

La línea vertical que es parte de la nota se llama PLICA. Generalmente cuando va hacia arriba corresponde a la mano derecha y cuando va hacia abajo corresponde a la mano izquierda.

Los números indican el dedo con el que se ejecutará la nota:
1 Pulgar
2 Indice
3 Mayor
4 Anular
5 Meñique

EJECUTAR EN EL TECLADO LOS EJERCICIOS
QUE APARECEN EN LA SIGUIENTE PAGINA.

LECTURA

L I N E A S

MEMORIZAR

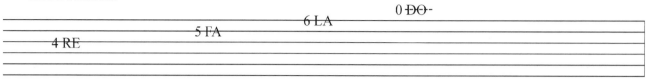

DIGA EL NUMERO Y EL NOMBRE

DIGA SOLO EL NOMBRE

DIGA SOLO EL NOMBRE Y APLIQUE LA DURACION CORRESPONDIENTE

EJECUCION

LECTURA

DIGA EL NUMERO Y EL NOMBRE ASOCIADO O EL NOMBRE CORTO DONDE CORRESPONDE

DIGA SOLO NOMBRES CORTOS

DIGA SOLO NOMBRES CORTOS Y APLIQUE EL VALOR QUE CORRESPONDE

EJECUCION

11

LECTURA HORIZONTAL
Lectura Melódica

ESPACIOS

PRIMERA POSICION

MEMORIZAR

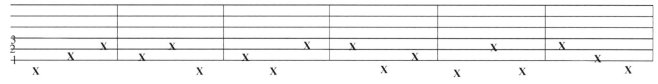

RENATA (Re)   FABIOLA (Fa)   LARISA (La)

DIGA EL NOMBRE LARGO

DIGA EL NOMBRE CORTO

1o.- CUENTE LA DURACION DE CADA VALOR
2o.- DIGA EL NOMBRE CORTO Y APLIQUE LA DURACION QUE CORRESPONDE

LECTURA

Silencio de Redonda

Silencio de Blanca

Silencio de Negra

Vale cuatro tiempos

Vale dos tiempos

Vale un tiempo

DIGA SOLO EL NOMBRE CORTO Y CUENTE EL VALOR DE CADA SILENCIO

EJECUCION

LECTURA

LINEAS

MEMORIZAR

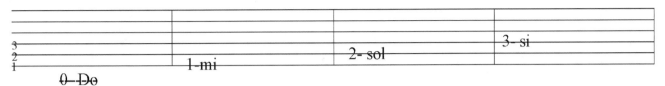

DIGA EL NUMERO Y EL NOMBRE

DIGA SOLO EL NOMBRE

DIGA SOLO EL NOMBRE Y APLIQUE LA DURACION CORRESPONDIENTE

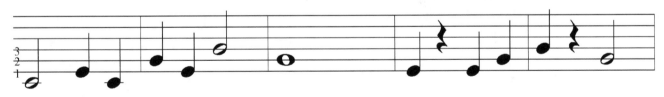

LECTURA

❄ Busque la ejecución de este nivel en la página siguiente.

DIGA EL NUMERO Y NOMBRE ASOCIADO O EL NOMBRE CORTO DONDE CORRESPONDE

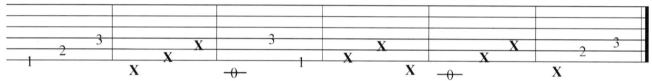

DIGA SOLO NOMBRES CORTOS

NOMBRE CORTO Y APLIQUE EL VALOR CORRESPONDIENTE

EJECUCION

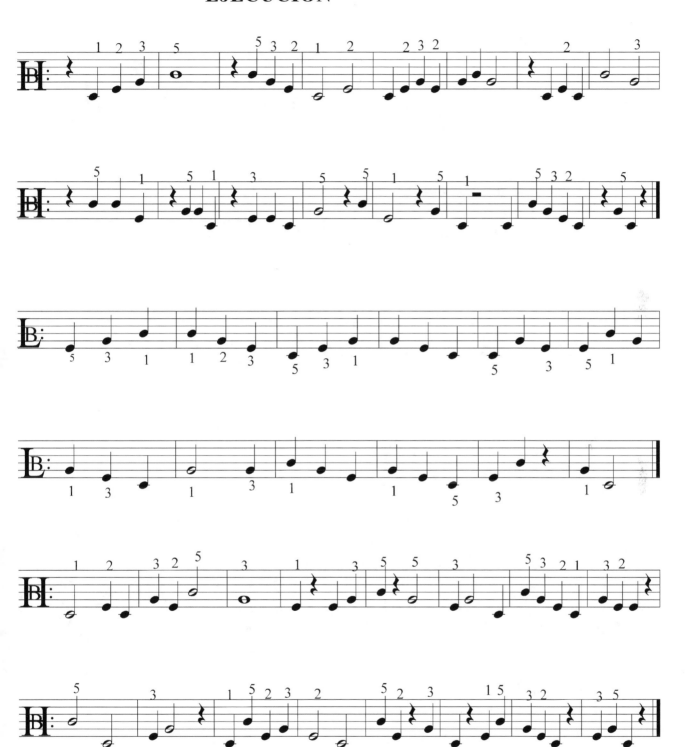

LECTURA

Intervalos de Tercera

Intervalos de Cuarta

18

Intervalos de Quinta

LA CORCHEA

Dos Corcheas valen igual que una Negra

Vale la mitad de la Negra

Silencio de Corchea

✳ BARRA: se usa para unir dos o más Corcheas.

NOMBRE LAS NOTAS Y APLIQUE SU VALOR CORRESPONDIENTE

✳ Cuando lea negras van combinadas con corcheas recuerde que una negra vale dos corcheas

LECTURA EN EL HEXAGRAMA COMPLETO

EL PUNTILLO (.)

Aumenta una negra
sin repetir el nombre
Dura tres tiempos

Aumenta una corchea
sin repetir el nombre
Dura un tiempo y medio

DO-------O----------O   MI   DO----O----O   MI DO--O---O   MI

EL PUNTILLO aumenta la mitad de su valor a la figura que lo lleva
Siempre se escribe a la derecha de la nota

EJECUCION

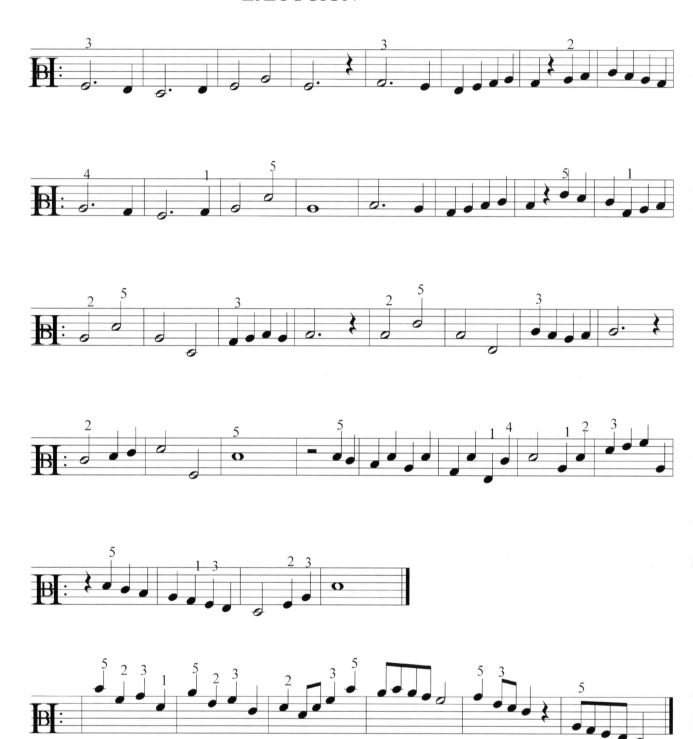

HIMN TO JOY
(HIMNO A LA ALEGRIA)

Ludwig van Beethoven
1770 - 1827

JOY TO THE WORLD

J. F. HAENDEL

DOBLE HEXAGRAMA

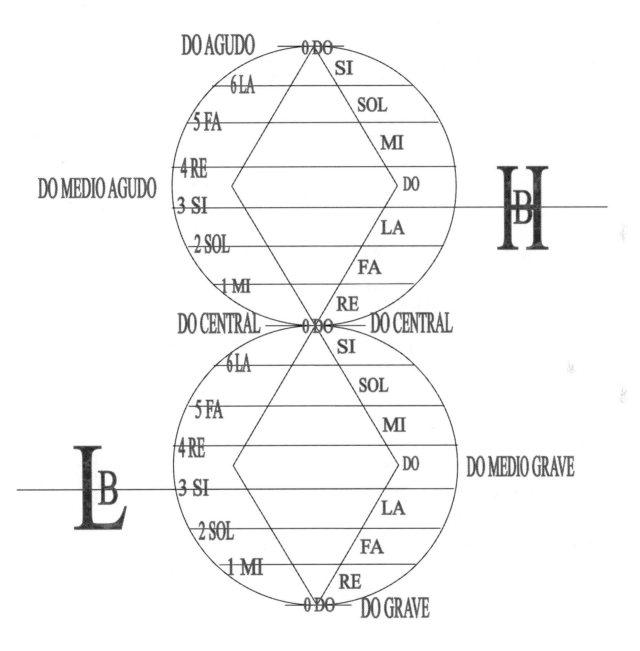

LECTURA VERTICAL
Lectura Armónica
DOBLE HEXAGRAMA

La posición de las notas es la misma en los dos hexagramas.

Para diferenciar la altura de las notas (sonidos agudos y sonidos graves) se emplea la CLAVE UNICA situada en la tercer línea de cada hexagrama llamada CLAVE DE 'SI' EN TERCERA LINEA

Como en los dos hexagramas se leen las notas en el mismo lugar se utilizan:
La letra **H** (High) en el hexagrama de arriba, lo cual indica que a partir del DO central hacia arriba las notas van hacia lo más agudo.
La letra **L** (Low) en el hexagrama de abajo, lo cual indica que a partir del DO central hacia abajo las notas van hacia lo más grave.

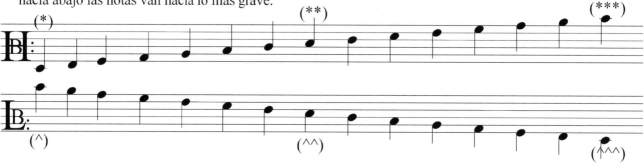

(*) DO CENTRAL ó Do Exterior

(**) Do Interior Agudo

(***) Do Exterior Agudo

(^) DO CENTRAL ó Do Exterior

(^^) Do Interior Grave

(^^^) Do Exterior Grave

Los instrumentos completos tales como el piano y el órgano emplean dos y hasta cuatro hexagramas para la lectura musical. Es entonces cuando se aplica la LECTURA VERTICAL.

El ojo humano normalmente puede leer solo una línea horizontal de signos ya sean letras o notas musicales.

Para leer dos o más notas que se ejecutarán al mismo tiempo deben leerse de ABAJO hacia ARRIBA, vale decir, de la nota más grave hacia la más aguda.

EJEMPLO:

| Do - mi | Sol - mi | Do - sol | Do - sol - mi | Do-sol-mi-do |

SIGNOS QUE ALTERAN EL SONIDO

ALTERACIONES ACCIDENTALES

Las alteraciones accidentales afectan nada más que a las notas que las llevan dentro del compás. (el contenido entre dos líneas verticales}. A veces para recordar que la alteración ya no vale en el siguiente compás, se pone el Becuadro dentro de paréntesis (♮)

♯ Se llama SOSTENIDO
Sube medio tono a la nota que lo lleva. Se escribe siempre antes de la nota que será afectada.
En el piano se toca la tecla inmediata hacia la derecha ya sea tecla nogra o blanca.

♭ Se llama BEMOL
Baja medio tono a la nota que lo lleva. Se escribe siempre antes de la nota que será afectada.
En el piano se toca la tecla inmediata hacia la izquierda ya sea tecla negra o blanca.

♮ Se llama BECUADRO
Anula el efecto del SOTENIDO o del BEMOL.
Se escribe siempre antes de la nota que será afectada.

COMPAS

Se le llama Compás a los dos número grandes que aparecen al principio de la obra musical cerca de la Clave.

También se le llama Compás al contenido entre dos líneas verticales (Líneas Divisorias)

COMPAS

COMPAS

El número de arriba indica la cantidad básica de tiempos que llenarán cada compás.

El número de abajo representa la clase de valor básico que corresponde a cada tiempo y que está determinado en la siguiente TABLA DE VALORES RELATIVOS

FIGURA	NOMBRE	❋ Número que la representa	VALOR EN TIEMPOS
o	REDONDA	1	4
♩	BLANCA	2	2
♩	NEGRA	4	1
♪	CORCHEA	8	1/2

❋   ESTE ES EL NUMERO QUE REPRESENTA A LA FIGURA Y
     QUE APARECE COMO EL NUMERO DE ABAJO EN EL COMPAS.

FIGURAS, valor y duración

Figura	Nombre	Número que la representa	Valor	Silencio
♪	CORCHEA	8	1/2 TIEMPO	
♩	NEGRA	4	1 TIEMPO	
♩	BLANCA	2	2 TIEMPOS	
♩.	BLANCA CON PUNTILLO (*)		3 TIEMPOS	
o	REDONDA	1	4 TIEMPOS	
a)		b)		c)

(*) PUNTILLO: Es un punto que siempre se escribe a la derecha de la nota
        Aumenta la mitad de su valor a la figura que lo lleva.
Ver en la página siguiente las OBSERVACIONES a), b) y c).

OBSERVACIONES A LA GRAFICA "FIGURAS, VALOR Y DURACION'

a) TABLA DE VALORES RELATIVOS (detalle)

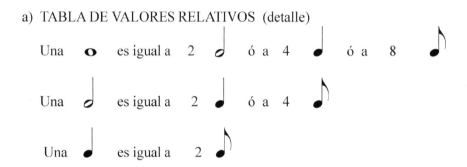

Una ⬭ es igual a 2 ♩ ó a 4 ♩ ó a 8 ♪

Una ♩ es igual a 2 ♩ ó a 4 ♪

Una ♩ es igual a 2 ♪

b) Este número será el de abajo en las CIFRAS INDICADORAS DE COMPAS.

c) El valor y duración del silencio es igual a la figura que corresponde.

Figuras, valor y duración.
Continuación

Figura	Nombre	Número que la representa	Valor (*)	Silencio
♪	CORCHEA	8		
♪	SEMI - CORCHEA	16		
♪	FUSA	32		
♪	SEMI-FUSA	64		

(*) Una CORCHEA es igual a 2 Semicorcheas
  " SEMICORCHEA es igual a 2 FUSAS
  " FUSA es igual a 2 SEMIFUSAS.

Resumiendo: CADA FIGURA VALE POR DOS DE LA QUE LE SIGUE EN LA TABLA

EJERCICIOS PARA LOS CINCO DEDOS

(*) Escala   (**) Arpegio   (***) Acorde

LA MANO IZQUIERDA UNA OCTAVA MAS ABAJO

(*) ESCALA: es la sucesión de sonidos en movimiento conjunto.
Las notas aparecen de acuerdo al orden establecido.

(**) ARPEGIO: Notas que pertenecen a un acorde pero que se ejecutan
una después de la otra.

(***) ACORDE: Tres o más notas que se ejecutan al mismo tiempo

ESCALAS MAYORES
CON SOSTENIDOS

Estas son las escalas mayores con sostenidos. Todas empiezan con tecla blanca.
El primer dedo caerá siempre en el primer y cuarto grados (Tónica y Sub-dominante)
en ambas manos. (T) = Tónica. (SD) = Sub-dominante.

ALTERACIONES PROPIAS

Cuando las alteraciones aparecen al principio de la obra, inmediatamente después de la clave se
llaman Alteraciones Propias. Deben escribirse en todos los hexagramas, no solo en el primero.
Determinan la tonalidad de la obra.

Afectan a todas las notas que indica la alteración ya sea en línea o en espacio y a través de toda
la obra.

ESCALAS MAYORES
CON BEMOLES

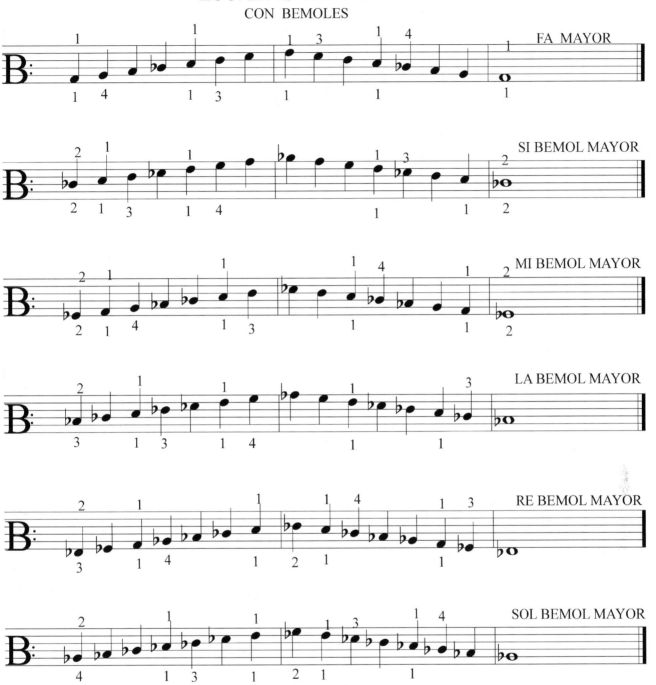

Estas son las escalas mayores con bemoles
Solo la escala de FA comienza con tecla blanca.
El primer dedo caerá siempre en las notas DO y FA, en las dos
manos, ya sean naturales o bemoles.

EJECUCION

SEGUNDA RECREACION

Le Carpentier

2a. variación

3a. variación

4a. variación

CUARTA RECREACION

LeCarpentier

5

⁂*f*

p (**)

⁂ *f* Indica que se debe tocar fuerte todo el pasaje

(**)*p* Indica que se debe tocar suave todo el pasaje,

ORDEN DE LAS ALTERACIONES EN
LA ARMADURA DE CLAVE

El orden de los sostenidos es: Fa Do Sol Re La Mi Si
Al ponerlos en la Armadura de Clave aparecen así:

El orden de los bemoles es: Si Mi La Re Sol Do Fa
Al ponerlos en la Armadura de Clave aparecen así:

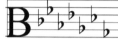

Para saber cuántas alteraciones tiene determinada tonalidad se aplica la siguiente tabla:

Tonalidades mayores con sostenidos:
se ocupa la escala de SOL MAYOR

	Cantidad de los sostenidos	Nombre de los sostenidos
SOL	1	Fa#
LA	3	Fa# Do# Sol#
SI	5	Fa# Do# Sol# Re# La#
DO	0	----------------
RE	2	Fa# Do#
MI	4	Fa# Do# Sol# Re#

Tonalidades mayores con bemoles:
se ocupa la escala de RE BEMOL MAYOR

	Cantidad de los bemoles	Nombre de los bemoles
REb	5	Sib Mib Lab Reb Solb
MIb	3	Sib Mib Lab
FA	1	Sib
SOLb	6	Sib Mib Lab Reb Solb Dob
LAb	4	Sib Mib Lab Reb
SIb	2	Sib Mib

COWHERD`S SONG

Béla Bartók
(1881 - 1945)

Andante moderato

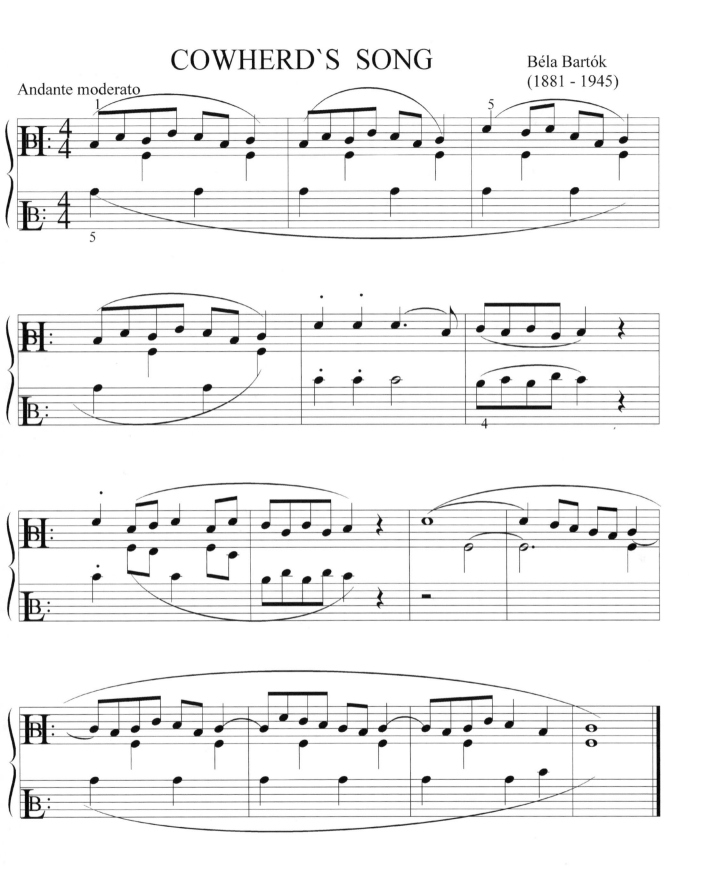

Bourrée

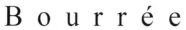

LEOPOLD MOZART
1719 - 1787

CHORALE

J. S. BACH
1685-1750

MODERATO

(*) Dos semicorcheas equivalen al valor de una corchea

MINUET IN C MAJOR

Wolfgang Amadeus Mozart
(1756 - 1791)

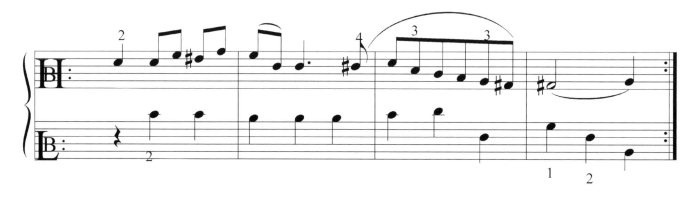

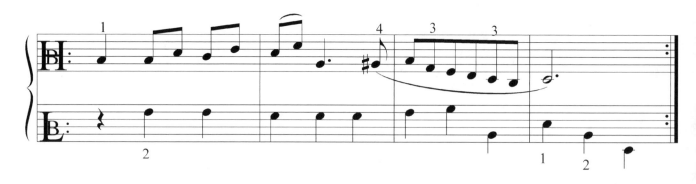

AUTUMN

Samuel Maykapar

Andantino

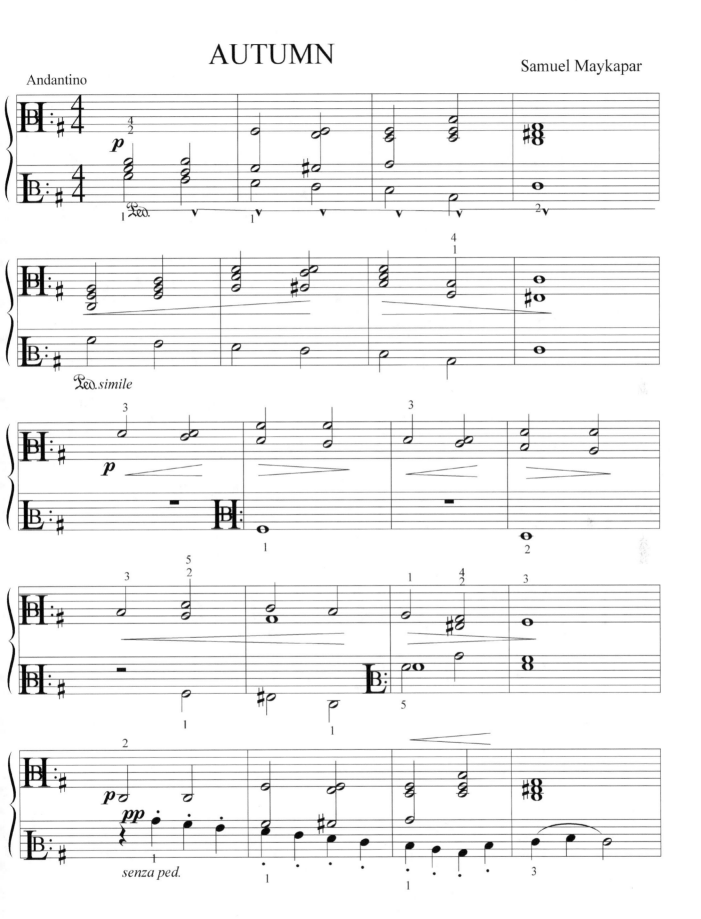

King William`s March

Jeremiah Clarke

QUINTA RECREACION

A. Le Carpentier

INDIAN DANCE

ARTUR FRACKENPHOL

RUSSIAN FOLK SONG

Ludwig van Beethoven
1770 - 1827

MARCH

Tempo di Marcia

Dimitri Shostakovich
1906 -

MINIATURAS EN RE MENOR

F.Avelar

MUSETTE

Johann Sebastian Bach

MINIATURAS EN SOL MAYOR

F. Avelar

❋ *Este signo representa al compás 4/4*

CHACONNE

GEORGE FREDERIC HANDEL
1685 - 1759

MINUET

GEORGE FRIDERIC HANDEL
1685 - 1759

A GAY WALTZ

Tiempo de Vals

GURLITT-KRENTZLIN

56

BOURREE

GEORGE FREDERIC HANDEL

Allegro

Allegro in B flat

Wolfgang Amadeus Mozart
(1756 - 1791)

DANCE

Alexander Goedicke

MINUET

Rather slowly

Béla Bartók (1881 - 1945)

poco marcato

CARNIVAL

Francois Couperin

Playing Soldiers

DECIMOQUINTA RECREACION
(Aria de "Norma")

A le Carpentier
Bellini

MINUET IN G MAJOR

J. S. BACH

MINUET IN F MAJOR

Allegretto

W. A. Mozart

In the Forest

Vladimir Rebikov

Esta obra es BITONAL porque tiene dos tonalidades.
La mano derecha toca solo en las teclas blancas, DO MAYOR
La mano izquierda toca solo en las teclas negras FA SOSTENIDO MAYOR

MINUET

Jean Philippe Rameau
(1683 - 1764)

SOLDIER`S MARCH

Robert Schumann

CAPRICE

Thomas Filas

COQUETTE

STEPHEN HELLER
1813 - 1888

GERMAN DANCE

Ludwig van Beethoven
1770 - 1827

PRELUDE

FREDERIC CHOPIN
Op. 28, No. 7

77

PRELUDE

F.Chopin Op.28 #20

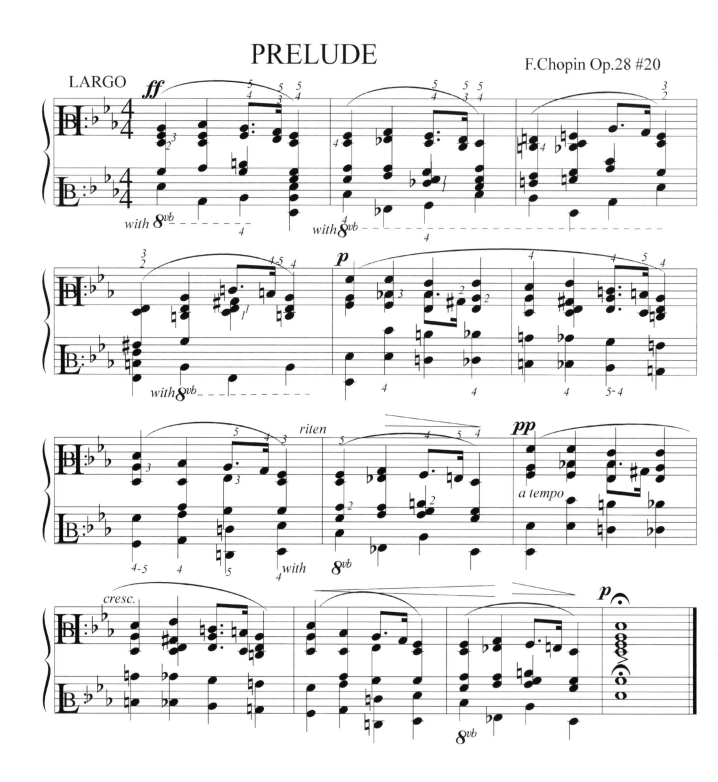

SPINNING SONG

Albert Elmenreich
(1816 - 1905

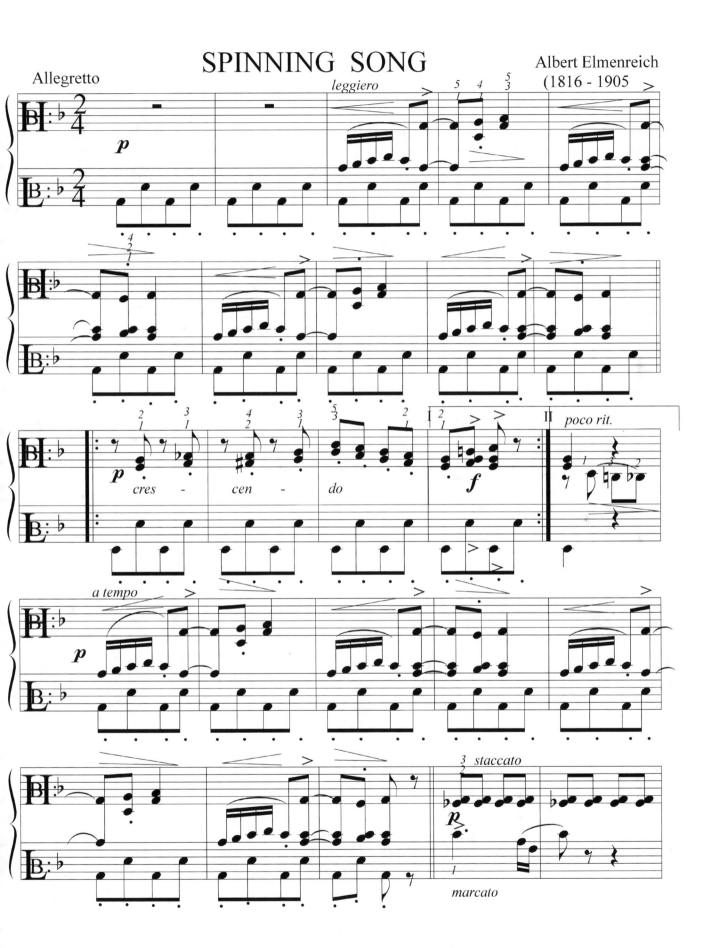

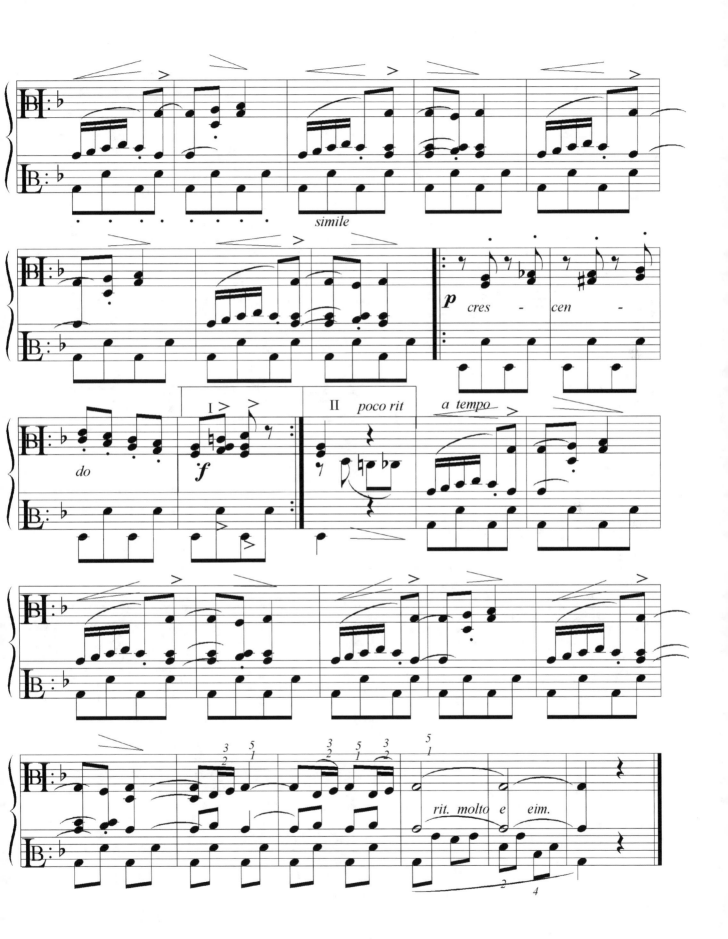

Witches` Dance

Th. Kullak,Op.4,No.2

Allegro animato

DANCE SUITE
1. Minuet

Georg Philipp Telemann
(1681 - 1767)

2. Andante

3. Gigue

WALTZ IN E FLAT

PETER ILICH TCHAIKOVSKI

BALLADE

Friedrich Burgmüller

PRELUDE No. 1

JOHANN SEBASTIAN BACH
1685 - 1750

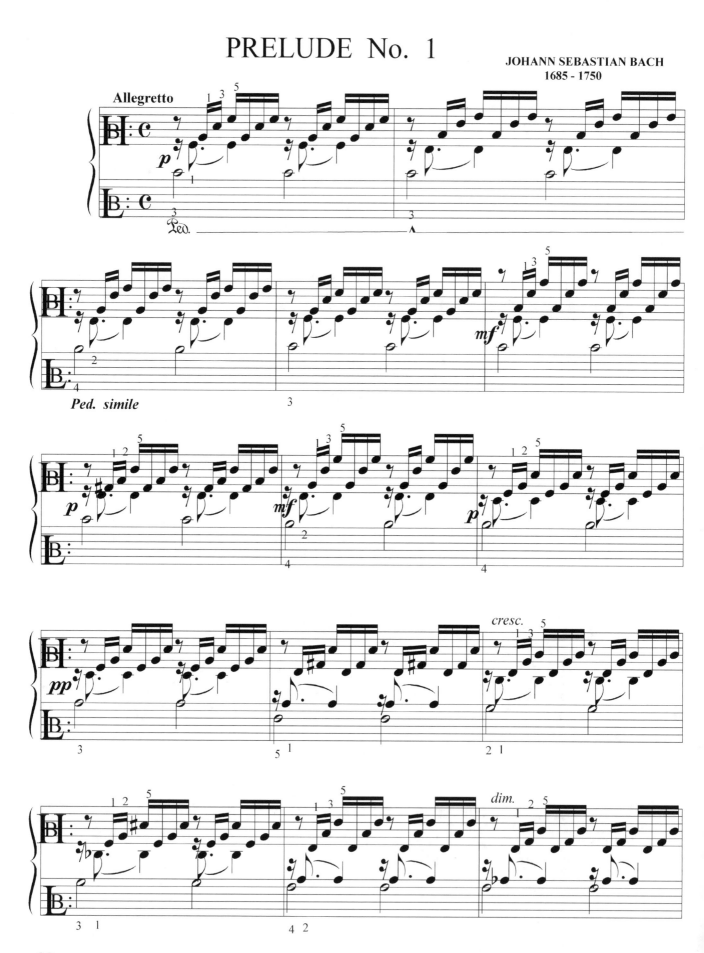

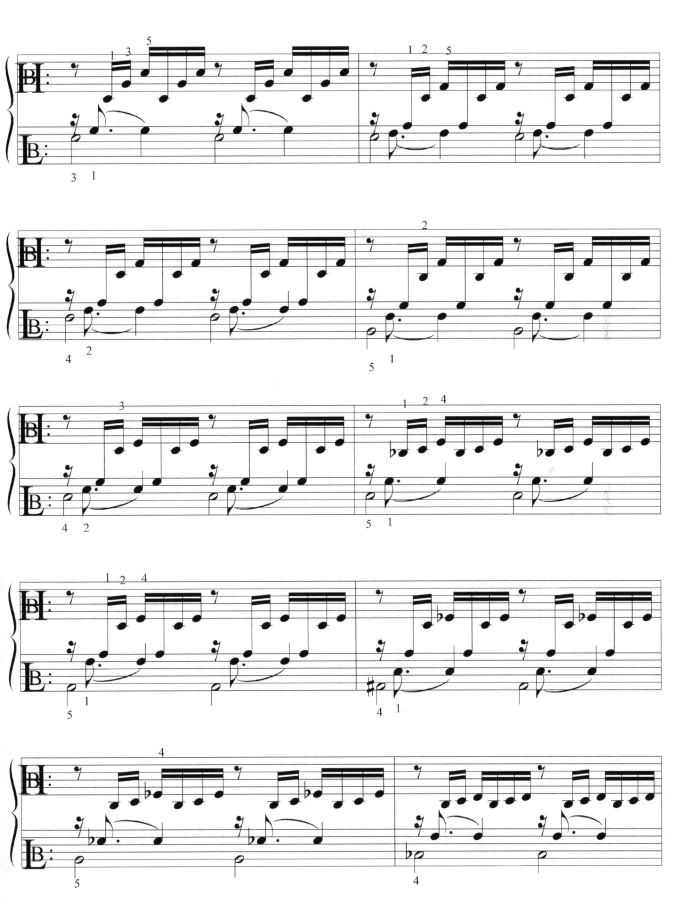

cresc. poco a poco

cresc. molto

decrescendo poco a poco

AVALANCHE

Stephen Heller

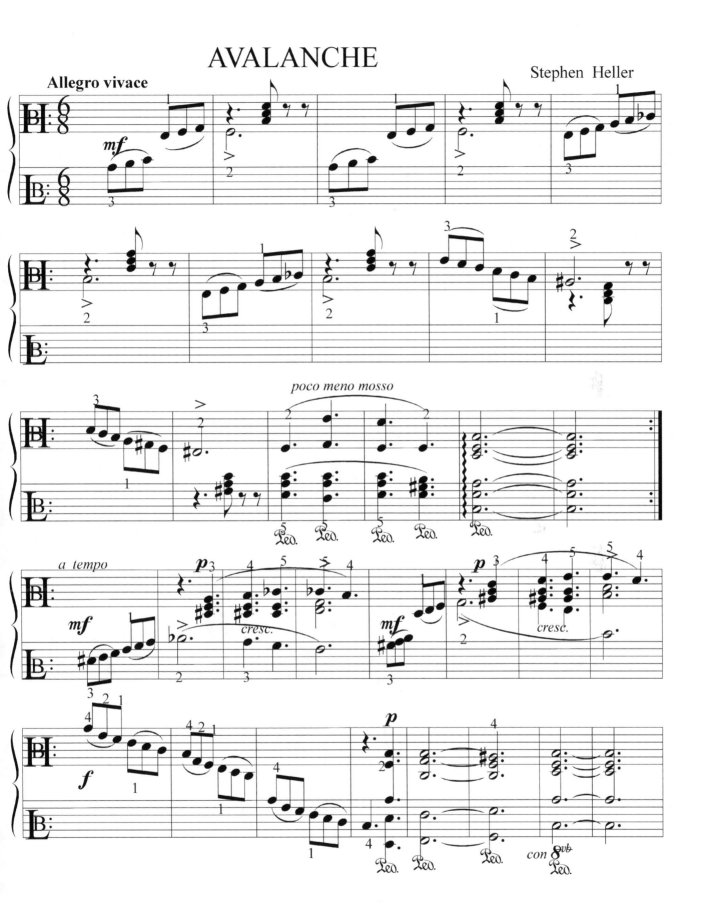

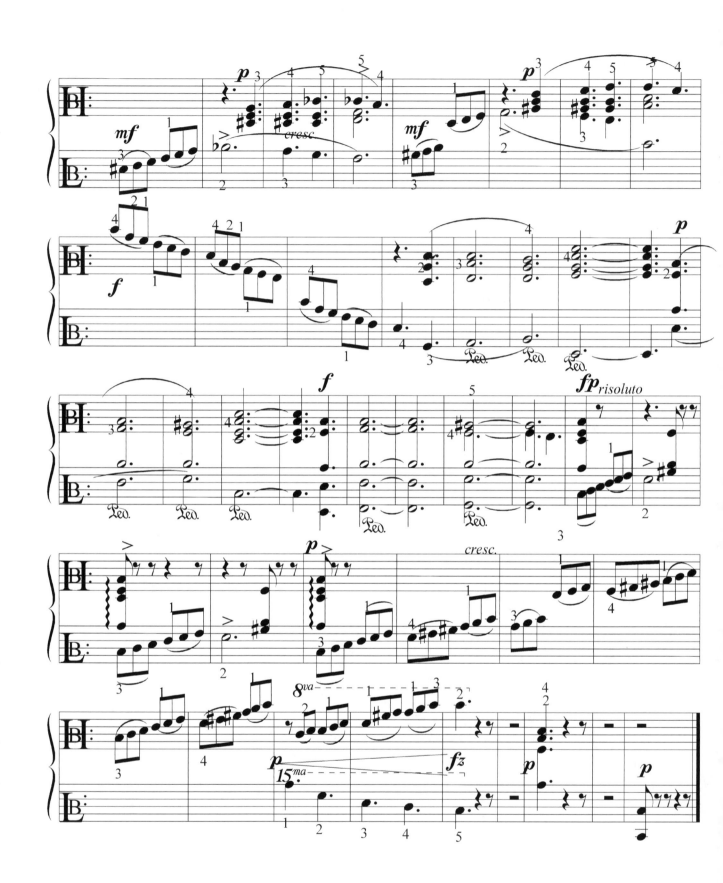

ETUDE IN Eb

Op. 823, No. 61
CARL CZERNY

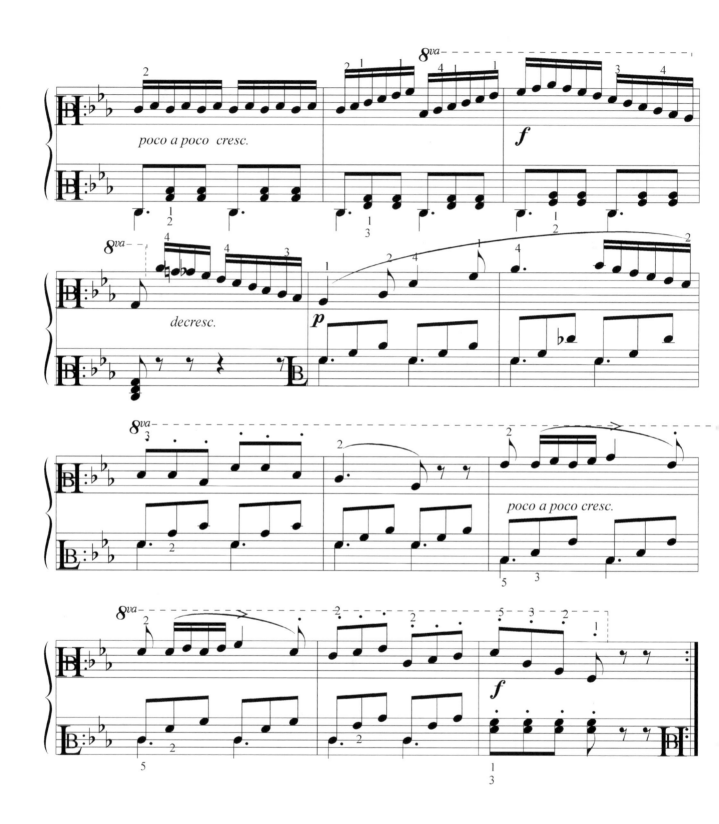

CURIOUS STORY

Stephen Heller

Molto vivace ♩.= 184

SONATINA Op. 36, No. 1

Muzio Clementi
(1752-1832

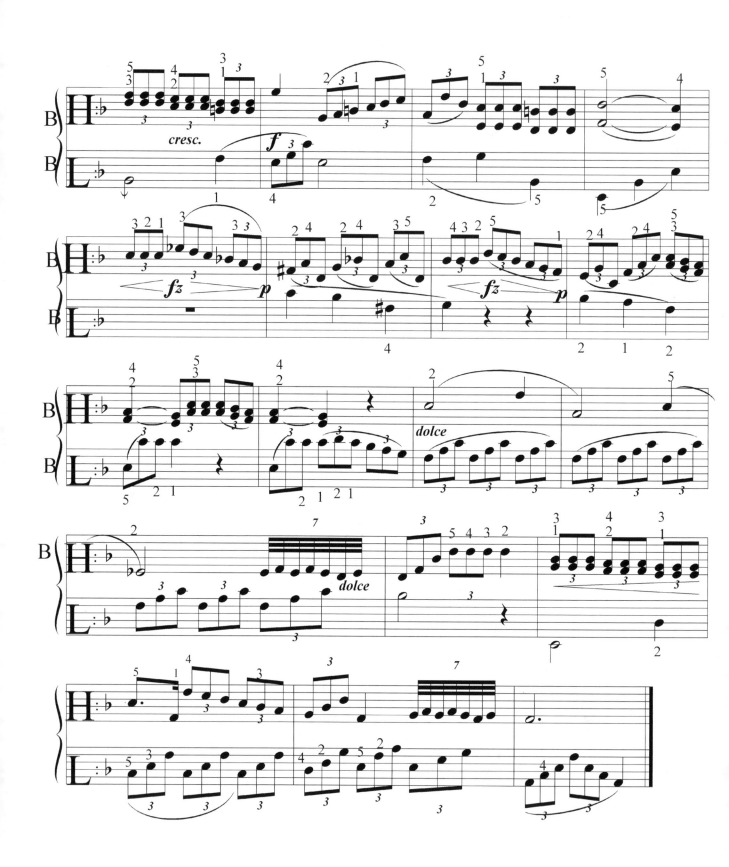

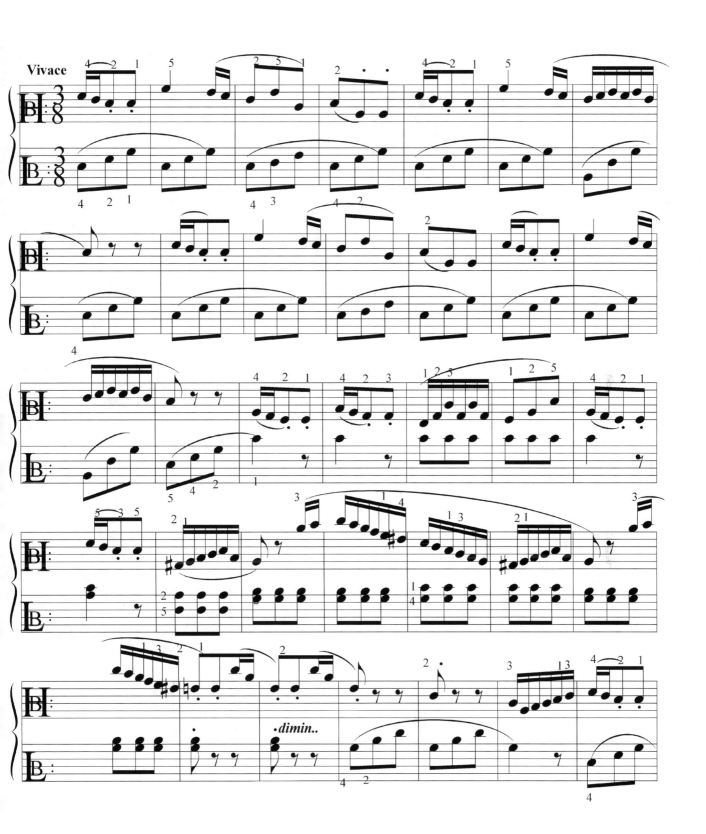

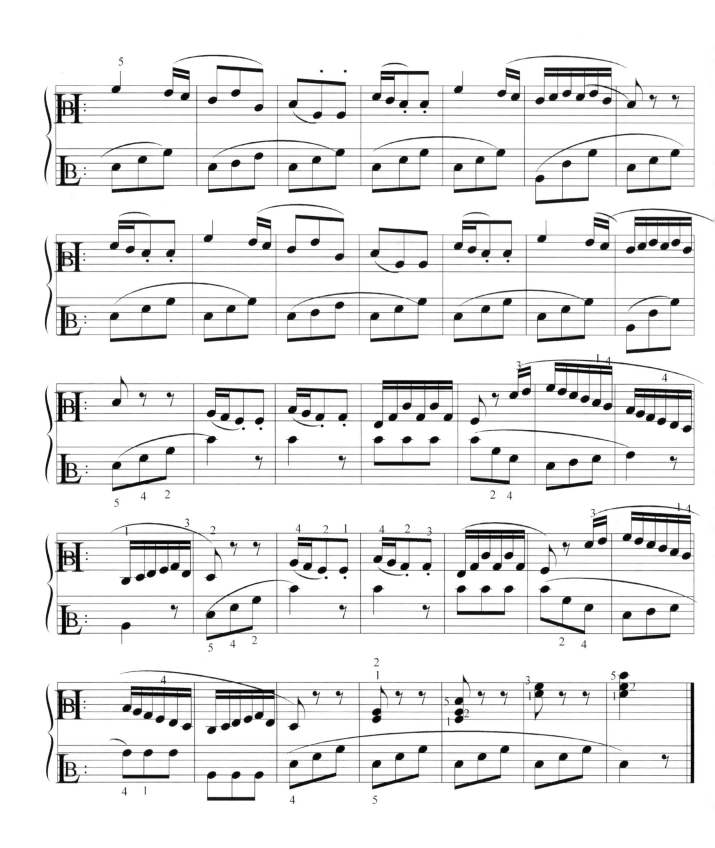

"Für Elise"

L. van Beethoven

SOLFEGGIETTO

Carl Philipp Emanuel Bach

※ Las notas con la plica hacia arriba se ejecutan con la mano derecha
Las notas con la plica hacia abajo se ejecutan con la mano izquierda.

FIFTH NOCTURNE

I. LEYBACH, Op. 52

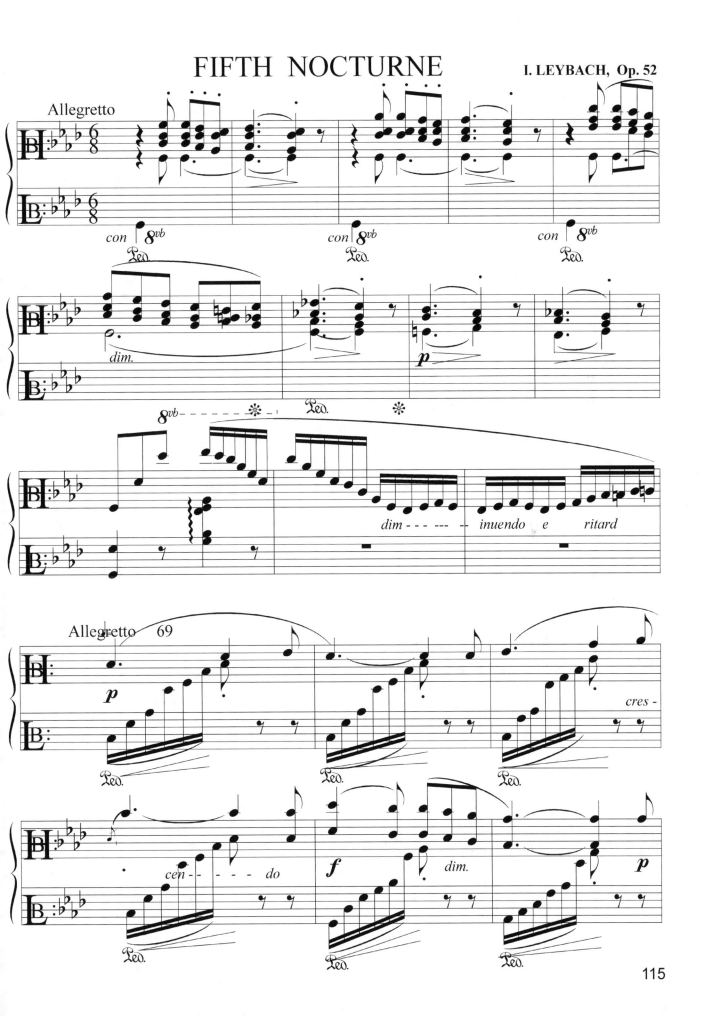

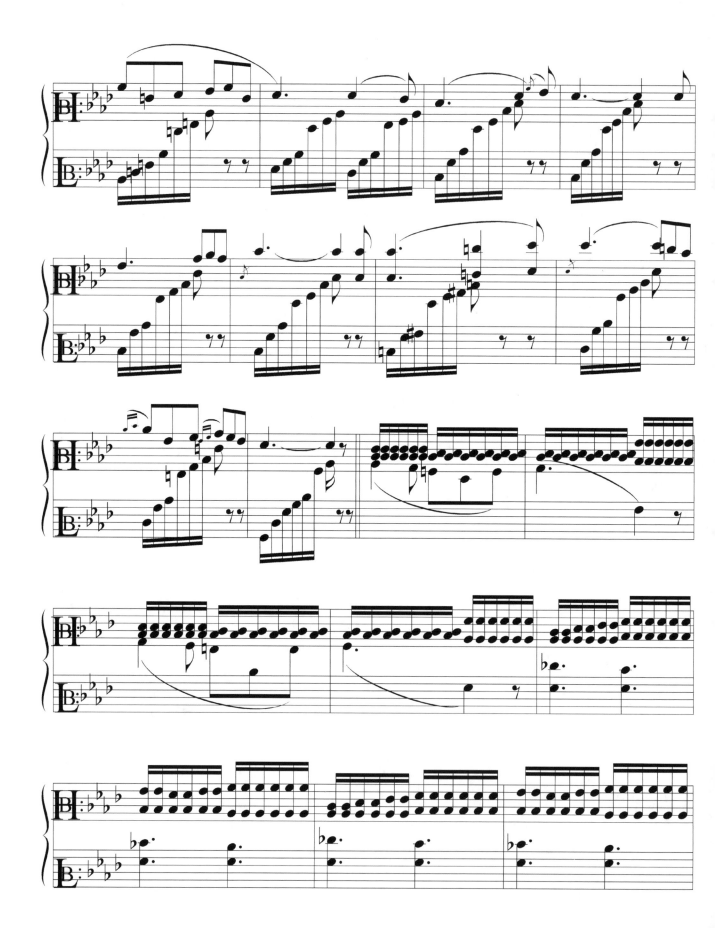

116

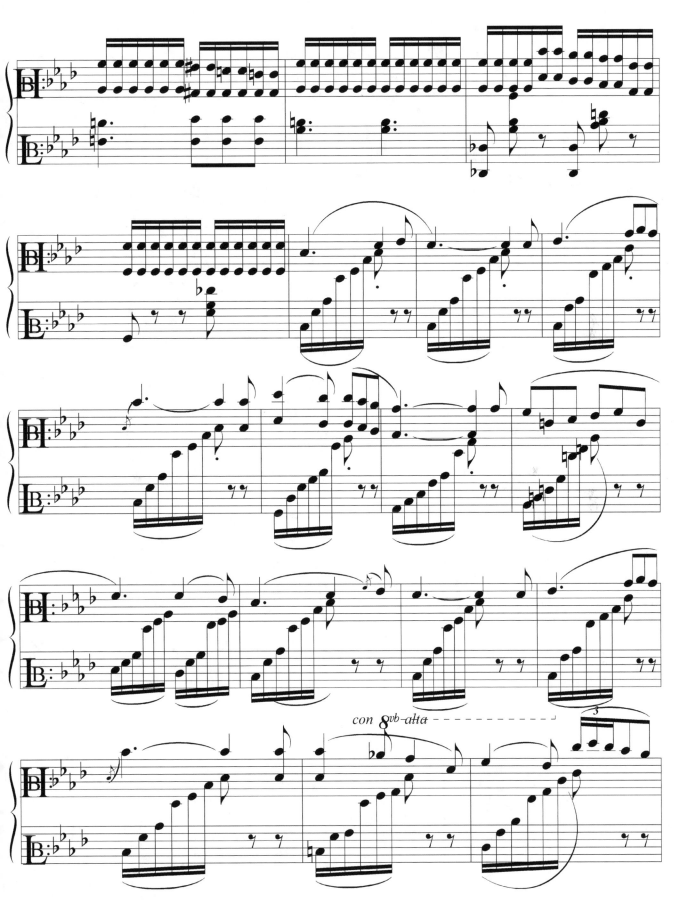

con 8*vb-alta* - - - - - - - - - - - - - -

con 8vb baja   con 8vb baja   con 8vb baja

con 8vb   con 8vb   con8vb

con 8vb   con 8vb

con 8vb   con 8vb   con 8vb

con8vb

con 8vb

120

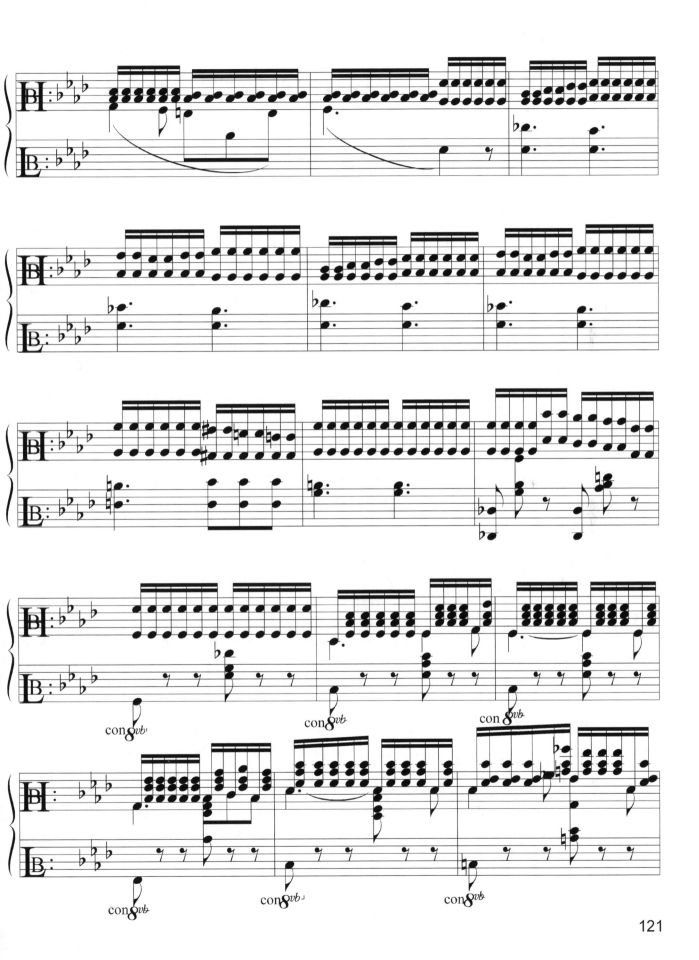

NOTAS